Ie

113 80

NOELS
NOUVEAUX

SUR

LES CHANTS

ANCIENS.

Revûs, corrigez & augmentez de nouveau
par l'Auteur,

A PARIS,

Chez J.-B.-Christophe Ballard,
ruë Frementelle, au petit Corbeil, prés
le Puits Certain.

___

M. DCCXV.

Avec Approbation & Privilege du Roy.

A MONSEIGNEUR

L'ILLUSTRISSIME

ET

REVERENDISSIME

EVESQUE DE QUEBEK.

ONSEIGNEUR,

*Je sçai que ce seroit faire une espece d'ou-
trage selon le monde , à un Prélat qui en
auroit l'esprit , de lui dédier un Ouvrage de
cette nature , & qu'un Evêque moins humble
ne souffriroit jamais que son Nom parut à la
tête d'un Recueil de Noëls ; mais la bonté de
VOTRE GRANDEUR m'est trop con-
nuë , MONSEIGNEUR , pour ap-*

prehender qu'Elle dédaigne ces petits Cantiques que je lui offre, & que j'ay composez à la sollicitation pressante d'un de ses plus ardens Missionnaires, qu'elle a formé pour les travaux Apostoliques, & qui lui demeure inviolablement attaché. Si la SAGESSE ETERNELLE, MONSEIGNEUR, en venant sur la terre, a choisi pour ses premiers Adorateurs des hommes grossiers, nez & accoutumez de vivre dans les champs, pourquoi VOTRE GRANDEUR refuseroit-elle des Recits simples, faits à la gloire de ce DIEU dans le berceau, & proportionnez à l'intelligence de ceux qu'il invita par ses Anges mêmes à lui venir rendre leurs hommages? Souffrez-donc, MONSEIGNEUR, pendant que vôtre charité vous transporte audelà des mers, & vous relegue dans le Nouveau Monde, où VOTRE GRANDEUR se fait un plaisir, à l'exemple du Prince des Pasteurs, de courir aprés des Brebis sauvages; non seulement avec des travaux incroyables, mais dans des risques continuels de perdre la liberté, ou la vie même de la maniére la plus capable d'inspirer de l'horreur, souffrez que je lui presente ces petits Essais de Poësie Chrétienne, pour la divertir dans la vaste & difficile carriere de ses Missions. Et qui s'étonnera, MONSEIGNEUR, que VOTRE GRANDEUR s'abaisse jusques à prêter l'Oreille à mes accens

champêtres, puisque le Sauveur du monde a
tiré sa gloire de la bouche des Enfans, & qu'il
n'a pas reçû avec moins de bonté les dons ru-
stiques des Bergers, que les presens magnifi-
ques des Rois. Ainsi, MONSEIGNEUR,
j'ay lieu de croire que VOTRE GRANDEUR
ne désagréra pas que j'annonce à ma manière,
& sous ses auspices, une grande joye, qui
doit être pour tout le peuple de tous les tems
& de tous les lieux, qui est que le SAUVEUR
est né, & que sa Grace s'est apparuë à tous les
hommes, me flattant aussi que vous ne trouverez pas mauvais qu'en l'amour de ce ROI
ETERNEL & nouveau né, dont vous éten-
dez l'Empire, & de MARIE sa Mere tres-
Sainte, dont le tendre culte vous est si cher,
j'ose me dire avec tous les sentimens possibles
de veneration & de respect,

MONSEIGNEUR,

DE VOTRE GRANDEUR,

Le tres-humble & tres-obéïssant Serviteur
PIERRE BONJAN, Prêtre
Parisien.

A iij

AVIS AU LECTEUR.

DEUX chofes extrémement oppofées, MON CHER LECTEUR, m'ont porté d'abord à entreprendre ce petit Ouvrage : les railleries des libertins, & la dévotion des ames fimples. J'ai eu deffein d'ôter aux prémiers tout fujet de fe divertir d'une maniere profane, & même facrilege; & de fournir aux autres une matiére plus convenable pour entretenir leur piété. On ne peut difconvenir qu'il n'y ait des Noëls anciens pleins d'inepties, de mots groffiers, de penfées plus capables de faire rire, que d'infpirer des fentimens conformes à la grandeur & à la fublimité de nos Myftéres; & c'eft ce qui donne lieu aux libertins de faire des plaifanteries, & de tourner en ridicule & les paroles & les perfonnes qui les chantent innocemment, ne s'appercevans pas qu'infenfiblement ils paffent d'une raillerie, d'abord peu coupable, à une impiété criminelle, en traveftiffant les chofes faintes, & donnant un air bouffon au récit de ce qui arriva à la Naiffance du Fils de Dieu.

D'autre côté, les Familles Chrétiennes accoûtumées à cette récréation, qui devroit être toute fpirituelle, n'ont garde de chanter du fond de

...eur cœur à Dieu des chofes qui n'ont rien de fon Efprit, & ne pratiquent ainfi que d'une maniere tres-imparfaite le confeil que Saint Paul donne aux Fidelles dans fa Lettre aux Coloffiens : Vous exhortans (dit-il,) les uns les autres en toute fageffe par des Pfeaumes, des Hymnes, & des Cantiques fpirituels, chantans du fonds de vos cœurs à Dieu ; en forte que ces Noëls qui devroient les enflammer d'amour, ne font tout au plus que les amufer innocemment.

Je ne me fuis attaché à compofer des paroles que fur les airs les plus communs, & que perfonne n'ignore, les trouvant comme confacrez par l'ufage que l'on a de les faire retentir dans nos Eglifes fur les Orgues & fur les autres inftrumens de Mufique pendant le temps qui précéde & qui fuit la Nativité du Sauveur. Je n'ay pas ignoré que mon travail en feroit plus difficile par la gêne que donnent les petits vers coupez qui bornent les penfées, & la frequence des mêmes rîmes prefque impoffible à allier avec un fens jufte : outre que je ne pouvois dans la plûpart faire entrer l'agréable mélange des terminaifons mafculines & feminines ; ce qui fait la beauté de la Poëfie Françoife, à l'exclufion de celle de toutes les autres Langues.

Je me fuis attendu d'ailleurs (quand bien même je réüffirois dans ce genre de Compofition) que l'on feroit toûjours tres-peu de cas de mon Ouvrage, & que ceux qui fe picquent d'efprit, auroient peine à s'imaginer que l'on puft s'occuper à de parelles minuties. (Je parle en homme peu fage ;) mais je me fuis mefuré à moy-même, felon que le veut le Docteur des Nations ; & n'étant pas capable de chofes élevées, j'ay (fi j'ofe parler ainfi) mis le peu de talent que Dieu m'a

A iiij

donné à une banque sans nom. J'espére toutefois, avec la misericorde du Seigneur, qu'il ne laissera pas de m'y produire un notable intérest par les prieres de quelques bonnes ames qui me sçauront gré de mon travail, comptant cela beaucoup plus que tous les applaudissemens du grand monde, leur demandant seulement, mais avec instance un AVE MARIA.

Pour les esprits forts, qu'ils se mocquent tant qu'il leur plaira de me voir chanter devant l'Arche du Nouveau Testament, dont celle de l'Ancien n'étoit que l'ombre & la figure. Je tâcheray d'entrer dans les sentimens du Roi Prophete, leur répondant comme il fit à Michol : Oüi, devant le Seigneur qui vient, j'entonnerai des Cantiques de toutes mes forces ; je me réjoüirai avec les Serviteurs & les Servantes d'un si bon Maître : Je découvrirai ma bassesse, & je ferai gloire de me rendre encore plus vil & plus méprisable, pour luï faire honneur.

NOELS NOUVEAUX

SUR

LES CHANTS ANCIENS.

SUR LE CHANT

A La venuë de Noël
Chacun se doit bien réjoüir, &c.

L'Avenement du Sauveur
Dans ce mortel & bas séjour,
Reconnoissons cette faveur
Par mille Cantiques d'amour.

Mais pour mieux consacrer nos chants
Au Souverain de l'Univers,
Que l'on n'entende en ce saint temps
Rien de profane en nos concerts.

Quand Dieu lançant sur les Demons
Les traits de sa juste fureur,

Ouvrit les abîmes profonds
Où regne une éternelle horreur.

Dés lors chaque monftre infernal
Nous regardant d'un œil jaloux,
L'homme devint l'objet fatal
De leur plus funefte couroux.

Le Roy de ces Anges maudits
Contre fa nature rampant,
Se gliffa dans le Paradis
Sous la figure d'un ferpent.

Là paré de mille couleurs
Pour plaire à nos premiers Parens,
Il leur infpira fes fureurs
Sous des prétextes apparens.

Je n'admire qu'avec tranfport
L'éclat dont vous êtes ornez !
Cependant, dit-il, vôtre fort
N'a que des plaifirs fort bornez.

Le fruit qui vous eft deffendu
Ne trouble-t-il pas vos plaifirs ?
Puifque par-là l'on s'eft rendu
Le maiftre de tous vos defirs.

Goûtez, vôtre crainte changeant,

Combien il eſt délicieux,
Et vous verrez qu'en le mangeant
Vous ſerez ainſi que des Dieux.

Eve ainſi ſéduite goûta,
Et fit goûter à ſon Epoux,
Ce fruit fatal qui leur coûta
L'innocence auſſi-bien qu'à nous.

De ce crime qu'ils ont commis
Le triſte cours toujours croiſſant,
De Dieu nous rend les ennemis,
Et nous fait mourir en naiſſant.

Dieu dans le premier des humains
Ayant renfermé nôtre ſort,
Avoit remis entre ſes mains
Et nôtre vie & nôtre mort.

Tous en Adam ayant peché,
Tous ſans reſerve en lui ſont morts;
Et cette ſoüillure a taché
Nôtre ame encor plus que nos corps.

Ainſi l'homme abbatu, bleſſé,
Vers Dieu ſans aucun mouvement;
S'il avoit été délaiſſé,
Seroit mort éternellement.

Mais rien ne pouvant épuiſer

La bonté de son Créateur,
Loin de le perdre ou méprifer,
Il se rend son Liberateur.

L'attentat étant infini,
Selon l'éternel jugement,
Dieu seul à l'homme étant uni
Pouvoit l'expier pleinement.

Dés lors dans le sacré Conseil
De l'adorable Trinité,
Par un trait d'amour nompareil
Le Fils s'offre au Pere irrité.

Comme Dieu, ne pouvant souffrir,
Son amour fit qu'il empruntât
Un Corps paffible pour l'offrir,
Et réparer nôtre attentat.

Ainsi des temps vers le déclin
S'étant fait homme sans changer,
Il presente au courroux Divin
Dequoi pleinement se vanger.

Le Verbe à l'homme étant uni
Par une ineffable onction,
Rend en lui d'un prix infini
Chaque soupir, chaque action.

L'Ange ou l'homme hors de sa langueur

De quelques dons qu'il fut orné,
Pour satisfaire à la rigueur
N'eût eu qu'un merite borné.

Dieu donc le fait par sa bonté
En se rendant semblable à nous,
Il vient seul par sa pauvreté
Nous enrichir & sauver tous.

Ainsi que tous en ce saint jour
Soient dans la joye & le transport,
Qu'ils benissent ce Dieu d'amour
Qui les a tirez de la mort.

Comme tout homme doit ici
Croire qu'il est son Créateur,
Chaque homme peut lui dire aussi,
Vous êtes mon saint Redempteur.

Travaillons donc avec ardeur
A profiter de ce bienfait,
Dont le merite & la valeur
Sans nous restera sans effet.

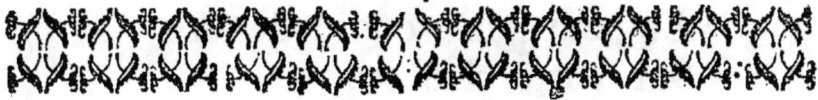

SUR LE CHANT

Or nous dites Marie
Que faisiez-vous alors, &c.

Dites-nous Vierge sainte
Quel étoit vôtre emploi,
Avant que d'être enceinte
De nôtre Divin Roi,
Méditant l'Ecriture
Et le jour & la nuit,
J'en goûtois la lecture
Loin du monde & du bruit.

D'où vint, ô chaste Reine ?
Quand l'Ange vous parla,
Cette frayeur soudaine
Qui pour lors vous troubla ?
Voyant d'abord paroître
Un homme devant moi,
Comment, tel qu'il pût être
Eû-je été sans effroi ?

Mais pourquoi, Vierge sage,
D'abord tant écouter,
Le Celeste Message,
Puis, ce semble, douter ?

Et pourquoi vous deffendre
Sur vôtre chasteté ?
Au lieu de tout attendre
Du Dieu de pureté ?

Apprends ame fidelle
Que si j'ai balancé
A croire la nouvelle
Qu'on m'avoit annoncé,
Cet abord pouvant être
De l'Ange tentateur,
Je voulois reconnêtre
Quel en étoit l'auteur.

Par ma sage réponse
Je voulois le sonder,
Si sur ce qu'il m'annonce
Je pouvois me fonder ;
Non que je fusse en peine
Qu'il fust en ce bas lieu.
Besoin d'une aide humaine
Pour enfanter un Dieu.

Sur ce Mystere auguste
J'avois trop médité,
Pour penser si peu juste
Toûchant sa dignité ;
Est - ce qu'en l'Ecriture
Je n'avois pas appris
Que d'une Vierge pure

Naîtroit ce divin Fils ?

N'étoit-ce pas ce figne
Que Dieu devoit donner
A la Maifon infigne
Qu'il voulut couronner ?
Et la voix du Prophete
Avoit trop fait de bruit ?
Pour que cette Trompette
Ne m'en eût pas inftruit.

Ainfi dans un Paffage,
Lorfque de ma grandeur
Il femble qu'un nuage
Offufque la fplendeur,
Fui l'efprit de Critique
Qui s'éleve foudain,
Cherche en ce qui l'explique
Un jugement plus fain.

Mere du Roy Suprême
Qu'on doit feul adorer,
Peut-on, l'orfque l'on l'aime,
Ne me pas révérer ?
Oüi, Chrétien le Dieu même
Que tu vois en mes bras,
Prend un plaifir extrême
Qu'on m'honnore ici-bas.

C'eft une feure voye

Au souverain bonheur,
De me rendre avec joye
D'un saint culte l'honneur;
Et contre les * libelles
Le salutaire avis,
Que je donne aux fidelles
Par l'aveu de mon Fils.

* Avis salutaire de la Bien-heureuse Vierge Marie à ses Devots i-discrets : Et autres traitans de la devotion & du culte qui lui est dû, co damnez à Rome.

SUR LE CHANT

*Les Bourgeois de Châtres
Et de Mont-lhery,*

Habitans de la Terre
Celebrez ce grand jour,
Où pour finir la guerre
Nâquit ce Dieu d'amour;
Ses Ministres Aîlez vont porter la nouvelle,
Que tirant l'Univers
Des fers,
Il vient former les nœuds
Heureux
D'une Paix éternelle.

Que l'air donc retentisse
De mille doux accens,

B

Qu'un faint tranfport faifiſſe
Nos efprits & nos fens :
Chantons, mais qu'on entende en nos
chants de victoire,
Rien d'indigne aujourd'hui
De lui,
D'un Dieu quoique fi doux
Jaloux
En tous lieux de fa gloire.

Qu'un faint plaifir nous touche
Publiant fa grandeur,
Et rende nôtre bouche
L'écho de nôtre cœur :
Que dans tous nos concerts l'ame foit at-
tentive,
Toute éprife en ce jour
D'amour,
Qu'elle éleve fes yeux
Aux Cieux
Avec une foi vive.

Quel étonnant prodige !
Quel miracle nouveau !
O Seigneur vous oblige
D'être dans un berceau !
Quoy ! Vous dont la grandeur ne peut fouf-
frir de terme !
Vous êtes ici né
Borné,

Quoi cet indigne lieu ,
Grand Dieu ,
Vous plaît & vous renferme :

Ainſi donc la Nature
Méconnoiſt ſon Auteur,
Qui ſouffre ſon injure
Sans punir ſa rigueur ;
Hors deux lents animaux chacun le deſa-
voüe ,
Tous ont honte aujourd'hui
De lui ,
Nul ne vous fait honneur
Seigneur ;
De vous chacun ſe joüe.

Voyant de vôtre Mere
L'extrême pauvreté ,
On n'a pour ſa miſere
Que de la dureté ,
Nul de ſon triſte état ne ſoulageant la
peine ,
Dans un lieu ſans couvert ,
Deſert ,
Au milieu de la nuit
Sans bruit ,
Accoucha nôtre Reine

Un Ange ſur la nüe
A de ſimples Bergers ;

Annonce sa venuë,
Allez, dit-il, legers ;
Courez vers Bethléem, cherchez dans une
étable,
Sous des langes caché ;
Couché ;
Sur un lit fait de foin
Sans foin,
Ce Monarque adorable.

Le Tres-haut vous l'envoïe
Pour Prince & pour Sauveur,
Recevez avec joye
Cette insigne faveur ;
Sur lui de l'Univers tout le bonheur se
fonde,
Faites avec amour
La Cour
A ce Roy nouveau né,
Donné
Pour le salut du monde.

Vous avez l'avantage
Quoy-qu'ici les derniers,
D'être à lui rendre hommage
Choisis pour les premiers ;
De vôtre état si pauvre il aime l'innocen-
ce,
Jurez au nouveau Roy
La foy,

Marquez - lui de vos cœurs
    Pasteurs ,
L'humble reconnoissance.

Les Rois par une étoile
Simplement sont conduits ;
Mais vous êtes sans voile
De sa Naissance instruits :
Jugez donc à travers de la crêche & des
  langes ,
    Combien ce Dieu si doux ,
       De vous
   Attend un saint retour
      D'amour ,
  D'hommage & de loüanges.

Pour vous ames fidelles ,
Chrétiens tous rachetez
Des peines éternelles ;
Publiez ses bontez ,
Rendez à son S. Nom des graces immor-
  telles ,
    Immolez à ses piez
      Sacrez ,
  Vos biens & vos honneurs ,
      Vos cœurs ,
  Vos haines , vos querelles.

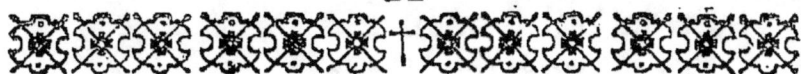

SUR LE CHANT

Une jeune pucelle
De noble cœur, &c.

LE Meſſager fidelle
Du Tout-puiſſant,
Devant une Mortelle
Vient s'abaiſſant;
Et lui découvre en ſecret le Myſtere
Qui doit la rendre Mere
D'un Dieu pour nous naiſſant.

L'Ange.

O De graces remplie
D'attraits ſi doux,
Le Tout-puiſſant, Marie,
Eſt avec vous !
Soyez benie entre toutes les femmes,
L'Eſprit-Saint Roi des Ames
Veut être vôtre Epoux.

Bien que de dons comblée
Par le Seigneur,
D'abord elle eſt troublée
De cet honneur,

Sage, comme humble, elle craint l'artifice,
Et la noire malice
De l'Ange séducteur.

L'Ange.

Que vôtre trouble passe,
Soyez sans peur,
Vous avez trouvé grace
Chez le Seigneur :
D'un Fils tres-saint vous deviendrez feconde,
Qui doit de tout le monde
Etre le Redempteur.

Son Nom incomparable
Sera Jesus,
Nom saint, Nom adorable,
Plein de vertus.
Il sera grand, il aura Dieu pour Pere,
En Lui quiconque espere
Ne sera point confus.

Sur tout Jacob paisible
Qu'il sauvera ;
Par sa force invincible
Il regnera ;
Et s'asseyant sur son Trône suprême,
Dans l'Eternité même,
Son regne durera.

LA SAINTE VIERGE.

Comment, lui dit Marie,
  Pourra ce Roi,
Ce defiré Meffié,
  Naîrre de moi;
Puifqu'étant Vierge, & voulant toujours
  l'être,
De nul homme connêtre,
Dieu m'a prefcrit la Loi?

L'ANGE.

Voftre fouhait fans peine
  S'accomplira,
La Vertu Souveraine
  Vous remplira;
Par l'Efprit Saint vous deviendrez enceinte,
Son ombre toute fainte
Soudain vous couvrira.

En vous le Dieu fuprême
  De pureté
Répandra par lui-même
  Sa Sainteté;
Ce fruit facré (comme vous devez croire,)
Augmentera la gloire
De vôtre Chafteté.

Son amour indicible
  Vous fera voir
Que rien n'eft impoffible

A fon pouvoir;
Elifabeth a-t-elle en fa vieilleffe,
Et malgré fa foibleffe
Laiffe de concevoir ?

❧

LA SAINTE VIERGE.

Lors cette Vierge fage
  Reconnoiffant
Que ce feroit l'Ouvrage
  Du Tout-puiffant,
Pleine de Foi, d'amour toute fervente,
 Dit : Je fuis la Servante
 Du Dieu dans moi naiffant.

❧

Selon vôtre parole
  Qu'il me foit fait,
Toute à lui je m'immole
  Pour cet effet,
Lui confacrant mon corps & tout mon être,
 Sans pouvoir reconnêtre
 Cet infigne bien-fait.

❧

Sa foi qui lors opere
  Si puiffamment,
De fon Dieu la rend Mere,
  Dans ce moment,
Pour s'incarner, la Sageffe Eternelle,
 N'ayant attendu d'elle
 Que fon confentement.

❧

Dans elle, & d'elle-même
L'Efprit d'amour
Forme au Verbe fuprême
Pour fon féjour ,
Du plus pur fang un petit Corps palpable,
Mille fois plus aimable
Que la clarté du jour.

Ainfi vint le Meffie
Tant attendu ,
Le Verbe dans Marie
S'étant rendu ;
Toûjours le même en fa divine Effence,
Sa feconde naiffance
N'ayant rien confondu.

Voi Chrétien ta nobleffe
En ce faint jour,
Combien doit ta baffeffe
A fon amour ;
Et viens au moins en ce temps favorable,
Au Dieu qui t'eft femblable,
Faire un moment ta cour.

SUR LE CHANT

*Joseph & Marie s'en allerent
Un soir bien tard en Bethléem, &c.*

VOus qui dans les grandeurs humaines
Vous faites un Dieu de vôtre argent
Ecoutez mes premieres peines,
Pour compâtir à l'indigent.

De moi qui vous ai donné l'être,
Et qui dois vous juger un jour,
Apprenez tous comme d'un Maître
Rempli de sageſſe & d'amour.

Etant dans le ſein de ma Mere
Homme parfait, Dieu ſouverain,
J'ai voulu ſentir la miſere
Qui ſe montre à vos yeux en vain.

En Bethléem (interpretée
Maiſon de pain) l'on me portoit,
Pour s'inſcrire dans la Lignée
Des Rois dont ma Mere ſortoit.

Le temps fâcheux pour le voyage
Ne la put faire differer,
C'eſt aſſez que l'Edit l'engage

Pour obeïr fans murmurer.

🙰

Le peu de droit d'un Infidelle,
Sa groffeffe & fa pauvreté,
Ne font point des raifons pour elle,
Et fon départ eft arrêté.

🙰

De Nazareth en Galilée,
Sans aucun vifible fecours,
Elle fe rend dans la Judée,
Dans les plus froids & triftes jours.

🙰

Son fidelle Epoux qui la meine,
Ne trouve par tout qu'embarras,
Que mépris, qu'outrage, que peine,
Par tout on en fait peu de cas.

🙰

En arrivant à la nuit clofe
Il cherche par tout quelqu'endroit,
Où fon Epoufe fe repofe,
Qui fouffre la faim & le froid.

🙰

Il entre en chaque Hoftellerie,
Sans que l'on daigne lui parler,
Ou bien avec raillerie
On le contraint de s'en aller.

🙰

Si l'on répond à fa demande,
On infulte à fa pauvreté;
C'eft une charité bien grande,

De le mettre hors fans dureté.

❦

Il parcourt ainfi cette Ville,
Et va de maifon en maifon,
Sans trouver un lieu pour azile
Dans la rigueur de la faifon.

❦

O Toi qui vis dans la moleffe,
Sans doute un fi dur traitement
Fait honte à ta délicateffe,
Ou tu n'as aucun fentiment.

❦

Le temps & l'état de ma Mere,
L'embarras, l'heure, & le danger,
Font pour comble de leur mifere,
Qu'ils ne fçavent où fe loger.

❦

Dans un état fi pitoyable,
Des hommes par tout maltraitez,
Ils prennent pour gîte une étable
Ouverte aux vents de tous côtez.

❦

Là ma Mere étant dans le terme
Par moi prefcrit & limité,
Je fors du fein qui me renferme,
Sans bleffer fa Virginité.

❦

De même que fans ouverture
Je paffe à travers le tombeau,
Je nais fans brifer la clôture

De ſon corps ſi chaſte & ſi beau.

Pendant que ſon Ame ravie
Eſt dans une extaſe d'amour,
Moi qui ſuis l'Auteur de la vie,
Dans la nuit je reçois le jour.

Sur de la paille froide & ſeche
Un peu de foin forme mon lit,
Et dans le berceau de la crêche
Mon premier Thrône s'établit.

C'eſt de cette Chaire éloquente
Que je prêche la pauvreté :
Ma miſere eſt aſſez parlante ;
Mais je ne ſuis pas écouté.

C'eſt toi pourtant, homme inſenſible
Qui doit ſouffrir ce que je ſens ;
M'étant fait ici bas paſſible,
Pour vous rendre tous innocens.

Que ton ame donc s'attendriſſe
Sur ceux qui ſouffrent en ce tems,
Si tu veux que je te beniſſe,
Et rende tes deſirs contens.

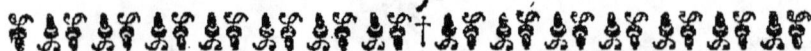

SUR LE CHANT

Où est-il le petit nouveau né,
Le verrons - nous encore ? &c.

Dans le calme de la nuit
Un Dieu vient de paroître,
Ce bel Astre qui vous luit
A peine vient de naître :
Allez tous, allez Bergers sans bruit,
Allez le reconnoître.

Bien qu'un voile trop épais,
Cache son divin Etre,
De la Terre il est la Paix,
Des Cieux il est le Maître.
Allez tous par de profonds respects,
Allez le reconnoître.

Quelque foible qu'en ces lieux
Paroisse son enfance,
C'est lui qui remplit les Cieux
Par sa Grandeur immense.
Allez tous sans en croire vos yeux,
Adorer sa puissance.

Il vient comme il a promis
Vous tirer d'esclavage,
Vos plus cruels ennemis

En fremiſſent de rage.
Allez tous d'un cœur pur & ſoûmis ,
Lui rendre vôtre hommage.

Il a choiſi pour Palais
Le débris d'une étable ,
Portant la peine & les traits
D'un eſclave coupable.
Allez tous benir ce Dieu de Paix ,
Qui vous devient ſemblable.

Vous trouverez ce Sauveur
Enveloppé de langes ;
Qui vous fait une faveur ,
Qu'il n'a pas fait aux Anges.
Allez tous , allez pleins de ferveur
Le combler de loüanges.

Une crêche eſt ſon berceau ,
Son beſoin eſt extrême ;
Mais il n'en eſt pas moins beau ,
Et moins digne qu'on l'aime.
Allez tous rendre a ce Roy nouveau
Un hommage ſuprême.

C'eſt le Maitre de la Loi ,
Tout puiſſant & tout ſage ,
Le connoiſſant par la Foi
A travers ce nuage.
Allez tous à cet aimable Roi ,

donner

Donner vos cœurs pour gage.

❦

Il vous choiſit en ce jour
Sans biens & ſans nobleſſe,
Pour les premiers de ſa Cour,
Malgré vôtre baſſeſſe;
Allez tous rendre à ce Dieu d'amour
Tendreſſe pour tendreſſe.

❦

C'eſt le Seigneur des Seigneurs,
De tous les Rois le Maître,
Qui comme Chef des Paſteurs,
Vient ici-bas paroître;
Allez tous par de nouveaux honneurs,
Allez le reconnoître.

❦

Il vient ramener de loin
La brebis qui s'égare,
L'arrachant dans le beſoin
Des dents du Loup barbare;
Allez tous reconnoître avec ſoin
Une bonté ſi rare.

❦

De vôtre divin Auteur
La bonté toute pure
Le rend le Liberateur
De l'humaine Nature;
Allez tous benir le Créateur
Joint à la Créature.

❦

Allez , hé que tardez-vous ,
Bergers plein d'innocence,
A ce Roy de Paix si doux,
Au jour de sa naissance ;
Allez tost marquer au nom de tous
Vôtre reconnoissance.

Vous , Chrétiens, qu'il a sauvez
D'une mort éternelle,
Changeans desormais , suivez
Une route nouvelle ;
Allez tous , allez où vous sçavez
Que sa voix vous appelle.

SUR LE CHANT

Joseph est bien marié
A la Fille de Jessé.

O Joseph heureux Epoux,
Ah, que vôtre sort est doux !
Que vôtre Saint Mariage
A de grace & d'avantage !
O Joseph heureux Epoux,
Ah, que vôtre sort est doux !

De cette étroite union
Si fameuse dans Sion,
Vous acquerez un empire
Sur celle qui doit se dire
La Mere du Roi de tous,
Ah, que vôtre sort est doux!

Cet indissoluble lien
Vous à rendu le rendu le Gardien
De la Sagesse Eternelle,
Qui vient s'incarnant en elle,
Calmer le divin couroux,
Ah, que vôtre sort est doux!

Ce Monarque glorieux,
Roi de la Terre & des Cieux,
Lui qui vous a donné l'être,
Devant vos yeux vient de naître
Enfant, & semblable à nous,
Ah, que vôtre sort est doux!

Venant, sans en excepter,
Tous les hommes rachepter,
Vous allez le reconnoître,
Et pour Sauveur, & pour Maître,
En l'adorant à genoux,
Ah, que vôtre sort est doux!

Que de Rois seroient jaloux
De le baiser comme vous!

A lui rendre vôtre hommage
Avec une crainte fage,
D'être le premier de tous,
Ah, que vôtre fort eft doux !

Que vos yeux furent contens
De voir ce que fi long-tems,
Avoient, comme des trompettes,
Publié les Saints Prophetes,
Et qui fe découvre à vous,
Ah, que vôtre fort eft doux !

Vous devenez le Pafteur
De vôtre Divin Auteur,
De cet Agneau fait Victime
Pour expier nôtre crime,
Et déchiré par les Loups,
Ah, que vôtre fort eft doux !

Le dérobant au tranchant
Du glaive d'un Roi méchant,
On ofe & l'on peut bien dire,
Que ce Roi de tout Empire
Vous doit ce qu'il donne à tous,
Ah, que vôtre fort eft doux !

Vous gardâtes furement
En Egypte le Froment,
Qui nourrit l'Ame fidelle,
Et qui la rend immortelle.

Par les Juifs moulu pour nous,
Ah, que vôtre fort eſt doux !

De vos travaux ſe nourrit
Cet Enfant par qui tout vit,
De vos ſueurs, de vos peines,
Le Sang coule dans ſes veines,
Son Corps ne croiſt que par vous,
Ah, que vôtre fort eſt doux !

Il vous eſt auſſi ſoûmis,
Que s'il étoit vôtre Fils,
Vous ſouffrant nommer ſon Pere,
Et vous laiſſant ſur ſa Mere
L'autorité d'un Epoux,
Ah, que vôtre fort eſt doux !

Dieu ! que vôtre heureux trépas
A de charmés & d'appas !
L'Auteur de toute lumiere
En vous fermant la paupiére,
N'en brille que mieux pour vous,
Ah, que vôtre fort eſt doux !

Vôtre mort n'eſt qu'un ſommeil,
Afin qu'à vôtre réveil
Vous annonciez dans les ombres
Des Limbes calmes, mais ſombres
Le Soleil levé ſur tous,
Ah, que vôtre fort eſt doux !

Cet Homme - Dieu triomphant
Se souvint qu'étant Enfant,
Vous lui servîtes de Pere,
Et qu'il n'eut dans sa misere
D'autre aide & support que vous,
Ah , que vôtre sort est doux !

Plus Dieu cacha vôtre état,
Et plus il vous rend d'éclat,
Voulant que l'on vous honore
Du Couchant jusqu'à l'Aurore
Malgré tout l'Enfer jaloux,
Ah , que vôtre sort est doux !

    Protegez du haut des Cieux
Ceux qui vont en tant de lieux
Publier sous vôtre auspice
L'amour & le sacrifice
De l'Homme - Dieu mort pour tous,
Le priant aussi pour nous.

SUR LE CHANT

Laissez paître vos bêtes,
Pastoureaux par monts & par vaux, &c.

Laisse de tes affaires
  Tout l'embarras & tout le soin,
Et nos saints Misteres

Vient être le témoin.
꧁꧂

Le Roi des Cieux
Naît dans ces lieux,
Et de son Etre glorieux
Cache tout l'éclat à nos yeux ;
La lumiere du monde
Se levant dans l'obscurité,
Sort, non du sein de l'onde,
Mais de l'Eternité.
꧁꧂

Ce beau Soleil
Sans appareil
Venant t'exciter au réveil,
Voile son brillant nompareil,
Nôtre foible paupiere
Ne pouvant souffrir tout son jour,
Il couvre sa lumiere
D'un nuage d'amour.
꧁꧂

Charmant & beau,
Dans son berceau,
La foy te servant de flambeau,
Il t'apprend un chemin nouveau ;
Chrétien, il faut le suivre,
Aimer à souffrir aujourd'hui,
C'est le moyen de vivre,
A jamais avec lui.
꧁꧂

POUR LE PAUVRE.
Si ton état

Souvent t'abat ,
Voi combien pour ton attentat
Souffre fon Corps fi délicat ;
Regarde , confidere
S'il eft mieux , s'il endure moins ,
Enfin fi ta mifere ,
Egale fes befoins.

Sa pauvreté
A - t - elle été
Pendant qu'il eft ici refté
Moins exempte de dureté ;
Sui - le dés fa naiffance
Jufques au moment de fa mort ?
Et voi dans ta fouffrance ,
Que tu te plains à tort.

Secretement ,
En ce moment ,
Si tu fais ce raifonnement ,
Mais il pouvoit être autrement ;
Je n'ai qu'à te répondre ,
Connois donc par là fa bonté ;
C'eft ce qui doit confondre ,
Chrétien , ta lâcheté.

POUR LE RICHE.

Si ta maifon
Chaque faifon
A toutes chofes à foifon ,

Ufe en Chrétien de ta raifon.
Dis-toi : Veux-tu mon ame
T'abandonnant à tes defirs,
Qu'une éternelle flamme
Devore tes plaifirs ?

Si c'eft pour toi
Qu'un fi grand Roi
Souffre ainfi (comme il eft de Foi)
Comment n'es-tu pas dans l'effroi ?
Ton repos & ton aife
Ne font fans ceffe qu'allumer
Cette ardente fournaife,
Qui doit te confumer.

Romps tes liens,
Et de tes biens
Fais des ufages tous Chrétiens ;
Mais rend ceux qui ne font pas tiens.
Que la Charité fuive,
La Juftice ayant précédé,
Et change en une eau vive
L'or qui t'a poffédé.

Eteint l'ardeur
De la fureur
Du Tout-puiffant, du Dieu vangeur,
A qui tes péchez font horreur.
Va par aprés fans crainte
Le reconnoître, l'adorer ;

Sans quoi, ce n'eſt que feinte
Quand tu viens l'honorer.

Que ſi tu crains
D'ouvrir tes mains,
Fondé ſur des prétextes vains,
Et des raiſonnemens humains;
C'eſt que ton ame oublie
Que Dieu, nôtre Pere commun,
Même dés cette vie
Rend au moins cent pour un.

Il faut un jour
De ce ſéjour,
Sortir nud ſans aucun retour,
Et cela de force ou d'amour;
Ta grandeur, ta richeſſe
Ne feront qu'accabler pour lors
Ton ame péchereſſe
Des plus affreux remorts.

Ce Saint Enfant
Lors triomphant,
Qui fut ton Sauveur en naiſſant,
Sera ton Juge Tout-puiſſant.
Tu connus ma miſere,
Dira-t'il, ſans me ſoulager;
Va race de vipere
Dans l'enfer te plonger.

Fui ce danger,
Tâche à changer,
Donne au pauvre dequoi manger,
Aide à la Veuve & l'Etrange,
N'attend pas que la roüille
Ronge ton or & ton argent;
Que la Foi te dépoüille
Pour couvrir l'indigent.

Va, ne crains pas,
Donne ici-bas,
Fais de biens au Ciel un amas,
L'aumône aide au derniers combats;
C'est par ce sacrifice
Que calmant le divin courroux,
On retient la Justice
Prête à fondre sur nous.

SUR LE CHANT

Voici le jour solemnel de Noel,
Il faut qu'un chacun s'apprête, &c.

QUand Dieu descendit des Cieux
Dans ces lieux,
Pour être ce que nous sommes,
On entendit dans les airs
Des concerts,

Marquant le bonheur des hommes.

Par les celeftes Efprits
 Tous épris
D'étonnement & de joye,
Le Tres-haut fait rendre honneur,
 Au Sauveur,
Que dans ce monde il envoye.

Dans le milieu de la nuit
 Un doux bruit
Tout à coup charme l'oreille,
Et d'une vive clarté
 La beauté
En augmente la merveille.

CHANT DES ANGES.
Gloire à Dieu le Roi des Cieux
 Es hauts lieux,
Et Paix fur la terre aux Hommes,
Dont la bonne volonté
 A monté
Jufqu'au fejour où nous fommes.

Les celeftes Meffagers
 Aux Bergers
Ce doux concert font entendre;
L'un d'eux vers le Roi nouveau
 Au berceau
Les invitant à fe rendre.

Un Ange aux Bergers.

Bergers n'ayez point de peur,
 Le Sauveur,
De tous le souverain Maître,
S'étant fait Homme pour tous,
 Prés de vous,
En Bethléem vient de naître,

Tous ont part à ce bienfait
 Si parfait
Dans la demeure mortelle ;
Ce n'est qu'à vous toutefois
 Que nos voix
En apprennent la nouvelle.

Courez donc pleins d'un transport
 Saint & fort
Voir ce Monarque adorable :
Admirez comme en ce jour
 Son amour
Fait son Palais d'un étable.

Son besoin fait son plaisir ;
 Son desir
Est de vous être semblable ;
Mais par là dans cet état
 Sans éclat
Il n'en est que plus aimable.

Tous remis de leur effroi,

Pleins de Foy,
Ils partent avec vîteſſe;
Chacun d'eux avec ardeur
    Au Sauveur
Veut faire quelque largeſſe.

Courons, diſent-ils entr'eux,
    Trop heureux
De lui rendre nôtre hommage;
Les plus grands & plus ſaints Rois
    D'autrefois
N'ont pas eu tant d'avantage.

Puiſque nous le poſſedons,
    Par nos dons
Tâchons de le reconnoître;
Choiſiſſons dans nos troupeaux
    Les agneaux,
Que l'on n'a pas mené paître.

Portons lui tout de ce pas
    Les plus gras,
Offrons lui quelque laitage;
Le peu qu'on lui donnera
    Lui plaira
Si le cœur eſt du partage.

Il voudra bien recevoir
    Ce devoir
Conforme a nôtre baſſeſſe;

Lui prefentans par amour
  En ce jour,
Ce qui fait nôtre richeffe.

  Ca, Bergers que tardons nous,
  'Allons tous
Lui rendre nôtre vifite;
Courons lui baifer les mains,
  Tres-certains,
Que c'eft lui qui nous invite.

  Chrétiens fuivons ces Pafteurs
  Pleins d'ardeurs ;
Courons au Roi de nos ames :
Donnant à ce faint Enfant
  Triomphant
Mille baifers tous de flammes.

  Loin ces fors Efprits contens
  Dans ce tems
D'avoir l'ame aride & feche ;
Que tout foit tendre en ce jour,
  C'eft l'amour
Qui regne & naift dans la Crêche.

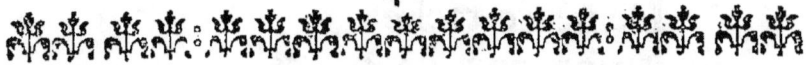

SUR LE CHANT

Chantons je vous prie,
Noël, &c.
De Marie Pucelle
La Conception,
Sans originelle, &c.

ENfans de l'Eglise,
Tous d'un même accord,
Chantons l'ame éprise
Par un saint transport,
Le sacré Mystere,
L'insigne faveur,
Qu'a reçu la Mere,
De JESUS Sauveur.

Nôtre premier Pere,
Qui nous a perdu,
Enfans de colere
Nous a tous rendus;
Sa faute mortelle
Passe à ses Enfans,
Et se renouvelle
Dans ses descendans.

De la source impure
Du premier peché,
L'homme en sa nature

Demeure

Demeure taché;
Avant que de naître
Sujet à ce fort,
Dés qn'il reçoit l'être
Il reçoit la mort.

Cette irrévocable
Et févere Loi,
Auffi redoutable
Que tres-jufte en foi,
Ne fouffrit d'atteinte
Que dans fon Auteur,
Et la Mere Sainte
Du Dieu Redempteur.

Sa rigueur extrême
Deffus l'Homme - Dieu,
Exemt par Lui-même,
N'avoit point de lieu;
Sa Mere en la maffe
Devoit la fubir,
S'il n'eut par fa grace
Sçû la prévenir.

De la Mort future
De fon Fils JESUS,
Le prix fans mefure
Et l'offre prévûs,
Sans être affervie
A ce trifte fort,

D

Ont fauvé fa vie
De ce droit de mort.

✦

Cette Femme Reine,
Comme il fut prédit,
Objet de la haine
Du ferpent maudit;
Loin dêtre conquête
De fes attentats,
Ecrafa fa tête
Dés fes premiers pas.

✦

Si recevant l'être
L'Enfer eut foûmis
Sa Chair, qui doit être
Celle de fon Fils;
Cet affront terrible
Qui l'auroit fali,
Sur ce Dieu vifible
Seroit rejalli.

✦

A fa fepulture
S'il veut un tombeau
Dans la roche dure
Taillé de nouveau,
Où nul, quelqu'auftere,
Saint, & bien aimé
Qu'il fut de fon Pere,
Ne foit inhumé.

✦

Pour la Cité Sainte
Que ce Roi des Rois
Né dans son enceinte
Habita neuf mois,
Seroit-il possible
Qu'il l'auroit soumis
Sous le joug terrible
De ses ennemis ?

Devant pour lui-même
Former ce séjour,
Son pouvoir suprême
Fut-il sans amour ;
La Source immortelle
De la Pureté
Se choisiroit-elle
Uu Vase infecté ?

Quoi ! du magnifique,
Du vrai Salomon
Le Temple mystique
Servit au demon ;
Il fut son repaire
Au premier moment
Dieu dans sa colere
Mit son fondement.

Si l'on prétend dire,
La grace a chassé
De ce vaisseau d'ire

L'horreur du paſſé
Toûjours des délices
De ce lieu ſi cher
L'honneur des prémices
Fut à Lucifer.

Ce Monſtre funeſte
Diroit à mon Roy :
Tu n'as que mon reſte ;
Elle fut à moi ;
Je fis ma conqueſte
De ce qui pouvoit
Ecraſer ma tête,
Et qui le devoit.

Fait-la nommer Reine
De cet Univers,
Cette Souveraine
A porté mes fers ;
La ſuperbe extrême
De l'impur Eſprit,
Tiendroit à Dieu même
Ce diſcours maudit.

Mais cet homicide
Dés le point du jour
Ne trouva point vuide
Ce Vaſe d'amour,
Son Ame accomplie
En toute beauté,

Fut toûjours remplie
De la fainteté.

❧

N'étoit-il pas jufte
Par cette faveur,
Que la Mere augufte
Du Divin Sauveur,
Eût, auffi-bien qu'Eve,
Sa Conception,
Sans aucune féve
De corruption.

❧

Que vous êtes belle
Dés vôtre levé,
Aurore nouvelle,
Faite pour fauver ;
La clarté feconde
Du Soleil Divin,
Se montrant au monde,
Sort de vôtre fein.

❧

Qu'elle eft éclatante
D'ornemens divers,
Elle eft triomphante
Du Roi des Enfers,
Dont toûjours contre Elle
Au féjour des morts,
La rage étincelle
En de vains efforts.

❧

De ce faint Myftere
Celebrons le jour ;
Comment peut fe taire
Un cœur plein d'amour ?
Puifque par largeffe
De * fes faints prefens ,
L'Eglife intereffe
Les plus négligens.

*L'Egli-
fe a accordé
des Indul-
gence à ceux
qui affifte-
roient à l'of-
fice du jour
& pendant
l'Octave de
la Concep-
tion.

Nommant cette Fête
La Conception ,
C'eft nous montrer prête
Sa décifion ,
Tous fçachans , qu'encore
Nul ne foit contraint ,
Qu'ainfi l'on n'honore
Que ce qu'on croit faint.

De plus ce qui touche
L'efprit & les cœurs ,
Elle ouvre la bouche
A fes deffenfeurs ;
Malgré fa clemence ,
Avec interdit ,
Impofant filence
A qui contredit.

Ainfi donc Fidelle
Sui fon doux panchant ;
Aprés , & comme elle

Seur qui va marchant,
A tenir fa route,
Sans la devancer,
Un bon fils, fans doute,
Ne peut balancer.

NOEL

SUR LE CHANT

Etant Cefar Augufle,
Monarque Souverain,
De la rotonditude, &c.

LOrfque la Vierge fainte
Eut par fa vive foy
Merité d'être enceinte
De nôtre Divin Roy,
Le Saint - Efprit la preffe
De fe rendre fans ceffe,
Du lieu de Nazareth.
Vers fainte Elifabeth.

La Bonté Souveraine
Qu'elle porte en fon fein,
Lui fait prendre fans peine
Ce genereux deffein,
Ce poids d'amour opere

En cette Auguste Mere
D'un si saint mouvement
Le tendre sentiment.

Jean, ce Herault fidelle,
Que renfermoit encor
La prison maternelle
Comme un riche tresor ;
Par la faute premiére
Croupissoit sans lumiere,
Privé d'un double jour,
Dans cet étroit sejour.

Pour tirer d'esclavage
Celui qu'il a formé,
JESUS fait ce voyage
Lui-même renfermé ;
Au salut de MARIE,
Entrant chez Zacharie,
Jean d'abord tressaillit
Dans l'enclos de son lit.

Et sa Mere prudente
Pleine du Saint-Esprit,
Qui la rend éloquente,
Avec transport lui dit :
Entre toutes benie
Mere du Fruit de Vie,
Seul & vrai Roi de Paix,
Vous êtes à jamais.

O caufe de ma joïe !
D'où me vient ce bonheur,
Que chez moi je vous voye,
Mere de mon Seigneur ?
L'Enfant avant le terme
Dans mon fein qui l'enferme,
A, fentant vôtre abord,
Bondi d'un faint tranfport.

Que vous êtes heureufe
D'avoir crû fans douter,
La nouvelle amoureufe
Que Dieu vous fit porter ;
Vôtre Fils eft le gage
Que ce qu'en fon meffage
L'Ange vous déclara
En vous s'accomplira.

Lors cette Mere aimable
Toute en Dieu s'abîmant,
Dans l'ardeur ineffable
De ce feu confumant,
D'une voix prophetique
Entonna ce Cantique
Dont fon Fils au dedans
Lui marquoit tous les fens.

CANTIQUE DE LA TRES-SAINTE VIERGE.
Mon ame glorifie
Le Souverain Seigneur,

Et de joye eſt ravie
En Dieu, mon doux Sauveaur
De ſa gloire éclatante
Sur ſon humble Servante,
D'autant qu'il a jetté
Les yeux de ſa bonté.

C'eſt de là bienheureuſe
Qu'à jamais me diront
Dans leur ſuite nombreuſe
Les peuples qui naîtront ;
En moi de grandes choſes,
A fait & tient encloſes,
Le Dieu puiſſant, & craint,
Son nom toûjours eſt ſaint.

Faiſant de race en race,
Qui l'aura redouté,
Voir l'amoureuſe grace
De ſa tendre bonté ;
Son bras donne à connoître,
De tout qu'il eſt le maître,
Diſſipant les deſſeins
Des ſuperbes humains.

De leur Trône ſublime
Il renverſe les Rois,
Elevant ſur la Cime
L'Humble dont il fait choix ;
Et le riche il renvoye

Vuide de toute joye,
Nourriſſant de ſon pain
Le pauvre dans ſa faim.

Il a pris la défenſe
Du peuple de Sion,
Et l'a mis dés l'enfance
Soûs ſa protection ;
Et ſa bonté rappelle
Sur ce Peuple rebelle
Le tendre ſouvenir
Qu'il vient pour le benir.

Ainſi qu'en ſa vieilleſſe
Au fidelle Abraham
Il en fit la promeſſe
Etant en Chanaam,
Et qu'à nos anciens Peres
Il a ſur ces Myſteres
Engagé dans la paix
Sa Parole à jamais.

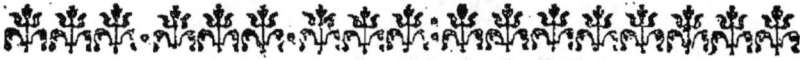

SUR LE CHANT.

Dans nôtre Village
L'on y vit content ,
Chacun en chantant , &c.

Dialogue entre les Rois Mages & un Seigneur qui
veut les arrêter sur le point de leur départ.

ROis puissans & sages
Qu'allez-vous chercher ?
Qui peut détacher
Vos cœurs de tant d'avantages ,
Que les Souverains
Ont entre leurs mains ?

Qui pourra le croire ?
Que des Potentats
Quittans leurs Etats
Aillent soumettre leur gloire
Au regne inconnu
D'un nouveau venu.

Certes cela choque
Tout esprit sensé :
Avez-vous pensé
Suivans un signe équivoque ,
Combien vos projets

Troublent vos fujets?

Une paix profonde
Vous fait aimer d'eux,
Pour vous rendre heureux
Que vous manque-t-il au monde?
L'eftime & l'amour
Forment vôtre Cour.

Qui dans vôtre abfence
Les gouvernera?
Et qui s'armera
Deformais pour leur défenfe?
Leur calme en danger
Soudain va changer.

LES ROIS MAGES.

Vos raifons font vaines
Pour nous arrêter ;
Ce qui fait hâter
Nos courfes toutes certaines,
Brille dans les Cieux
Par trop à nos yeux.

La nouvelle Etoile
Du Souverain Roi ,
Nous marque fa Loi ,
Et nous découvre fans voile
La route aujourd'hui

Pour aller à lui.

᙭

Dans cette contrée
L'on doit être inſtruit,
De l'Aſtre qui luit
Que la clarté fut montrée
Au Fils * de Beor
Sur le mont Phogor.

᙭

* Balaam
dont ſelon S.
Jerôme les
Rois Mages
étoient les
Succeſſeurs.

Mais cette lumiére
Qu'il vit en eſprit,
Eclaire, preſcrit,
Déſigne, ouvre la carriére,
Nous ſert de flambeau
Vers le Roi nouveau.

᙭

Cet Enfant aimable,
Mais plus grand que nous,
Etendra ſur tous
Son regne à jamais durable;
Tous ſes ennemis
Lui ſeront ſoumis.

᙭

Les Cieux & la Terre
Reçoivent ſes Loix,
C'eſt le Roi des Rois,
Nul ne lui fera la guerre,
Qu'il n'éprouve un ſort
Plus dur que la mort.

᙭

C'eſt à nos Ancêtres
Ce qu'en Madian
Apprit Balaam,
Et que nous ſervans de Maîtres,
Tous de pere en fils
Ils nous ont tranſmis:

Les Sibilles ſages
N'ont pas moins prédit,
(Ainſi qu'on le lit
Dedans leurs fameux Ouvrages)
Unanimement
Son avenement.

Que vôtre ſurpriſe
Change donc d'objet:
Eſt-il un ſujet
D'uſer de quelque remiſe ?
Peut-on differer
A le reverer ?

S'il nous a ſans peine
Tous trois aſſemblez,
Serions-nous troublez,
Par quelque épouvante vaine ?
Le ſort des humains
Etant dans ſes mains.

De ces ſaints Monarques
Suivons donc les pas:

Nous donne-t-il pas
De bien plus fenfibles marques ?
C'eft lui-même , helas !
Qui nous tend les bras.

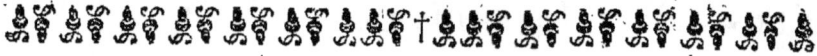

SUR LE CHANT

Vous qui defirez fans fin
Oüir chanter ,
Que nôtre Dieu eft enclin, &c.

DU Sauveur venu pour tous
    Du haut des Cieux,
Et mort pour chacun de nous
    En ces bas lieux,
Venez chanter la clemence,
    O Pecheurs !
Détruifant l'impenitence
    De vos cœurs.

Une femme pecherefle
    En la Cité ,
Prodiguant & fa richeffe
    Et fa beauté ;
Occupoit du foin de plaire
    Ses defirs ,
Du jeu , de la bonne chere ,
    Des plaifirs.

Ses

Ses yeux portoient chaque jour
De toutes parts
Le feu d'un impur amour
Par leurs regards,
Elle-même se consume
Aux ardeurs
De ces flammes qu'elle allume
Dans les cœurs.

D'étoffes du plus haut prix
Elle s'ornoit,
Son luxe dans ses habits
Rien ne bornoit,
L'Ouvrier prenant sur elle,
Sur son train,
De chaque mode nouvelle
Le dessein.

Dans un tel éloignement
De la vertu,
Ce Cœur fier en un moment
Est abattu;
Un brûlant rayon de grace
Tout d'ardeur,
Fond soudain toute la glace
De son cœur.

D'une celeste clarté
Le vif éclat
Lui fait voir l'impureté

De son état,
Le trait d'une sainte flamme
La perçant,
De toute autre amour son ame
Va blessant.

Sans necessiter en rien
Sa liberté,
Dieu sçait tourner vers le bien
Sa volonté ;
Son amour puissant & sage
La touchant,
Avec adresse ménage
Son panchant.

Il n'éteint de ce foyer
L'impure ardeur,
Que par un nouveau brasier
Mis en son cœur :
Elle aimoit, elle aime encore,
Même plus ;
Mais un saint feu la devore
Pour JESUS.

Aussi-tost qu'elle eut connu
Que l'Homme-Dieu
Chez Simon étoit venu,
Prés de son lieu,
Son cœur de ce qui l'obsede
Détaché,

N'aſpire qu'au vrai remede
Du peché.

Rien ne ſçauroit l'empêcher
Dans ſon deſſein ;
Elle vole, allant chercher
Son Medecin ;
Son zele qui la rend forte
Lui fait jour
Dans tous les lieux où la porte
Son amour.

Sans craindre des conviez
Le ris mocqueur,
Elle entre & ſe jette aux piez
De ſon Sauveur,
Et ſon peché par ſes larmes
Nettoyant,
Tout le mal qu'on fait ſes charmes
Va noyant.

Dans cet amoureux effort,
Plein de reſpect,
De JESUS craignant encor
Le ſaint aſpect,
Elle répand de ſon ame
Les ardeurs,
Et dans des baiſers de flamme
Fond en pleurs.

D'huile d'un prix non commun,
Et de fenteur,
Elle verfe le parfum
Sur le Seigneur,
Et de fes cheveux effuye
De fon mieux,
L'abondante & chafte pluye
De fes yeux.

Mais l'orgueilleux Pharifien
Manquant de Foi,
Blâme l'Auteur de tout bien,
Et dit en foi :
Si cet Homme étoit Prophete,
Comme on croit,
Sa bonté moins indifcrete
Se rendroit.

Loin par un fi faux honneur
D'être touché,
Il auroit plûtoft horreur
De fon peché ;
Et fans fouffrir cette impure
Prés de lui,
Il craindroit plus la cenfure
Aujourd'hui.

Lors le Seigneur fe rendant
Son Protecteur,
Confond de fon zele ardent

L'Accusateur ;
Et lisant dans ce qu'il pense,
Lui fait voir,
Qu'il juge sans connoissance,
Sans pouvoir.

J E S U S.

Deux hommes avoient, Simon,
Un Créancier,
Prêtant suivant son renom,
A haut denier ;
L'un dix fois plus redevable,
Mais sans bien,
Ainsi que l'autre insolvable,
N'avoit rien.

Le Riche étant genereux
Leur remet tout,
Encor qu'il les pût tous deux
Pousser à bout :
Toi qui sçais tout, comme sage,
Estimer ;
Répons moi : Qui d'avantage
Doit l'aimer ?

LE PHARISIEN.

Celui sans doute a repris
Le Pharisien,
Auquel il a plus remis.

E iij

Et fait de bien,
C'eſt, dit J e s u s, bien répondre
Et juger ,
Voulant par-là le confondre
Et changer.

J e s u s.

Voi donc, mais avec raiſon,
Et d'un œil droit,
Ce qu'a fait dans ta maiſon
En mon endroit,
Cette femme penitente ,
Que l'amour
Rend à mes yeux innocente
Dans ce jour.

Il n'eſt plus rien de ſoüillé
Dans ſes ardeurs ,
Et ſes yeux qui m'ont moüillé
D'un bain de pleurs ,
Viennent de laver ſon crime
Pour jamais,
Lui rendant le don ſublime
De ma paix.

Quels devoirs m'as-tu rendu
Hors du commun ?
Comme elle as-tu répandu
Quelque parfum,
Lavé mes pieds, oinſ ma tête

De fenteur,
Ou bien me baifant, fait fête
Par honneur ?

❦

Comme elle a donc devant tous
Beaucoup aimé,
Contr'elle tout mon courroux
Eſt défarmé,
Les fautes qu'elle a commiſes,
Sans retour,
A jamais lui ſont remiſes
Dans ce jour.

❦

Chrétien, voilà ton modele
Ayant peché,
Lave ton cœur infidele
Et ſi taché ;
Et craignant de l'ame impure
Les malheurs,
Nettoyes-en la foüillure
Par tes pleurs.

❦

Voyant ton Dieu s'incarner
En ce faint jour,
Et dans un corps ſe borner
Pour ton amour,
Traite ta chair avec crainte,
Comprenant
Par là combien elle eſt fainte
Maintenant.

CANTIQUES SPIRITUELS.

BRifez, Jesus, mon cœur rebelle,
Et plus dur que le diamant,
Et me montrez, divin Modele,
A ne me vanger qu'en aimant.

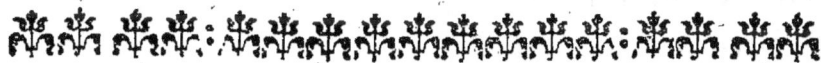

JE ne veux rien, & je veux toute chofe;
Jesus m'eſt tout, fans lui tout ne m'eſt
rien;
Oſtez moi tout, laiſſez-moi ce feul bien:
Et j'aurai tout, n'ayant aucune chofe.

J'Invoquerai toujours pour n'être point
confus
Au dernier moment de ma vie,
L'Adorable Nom de JESUS,
Et le facré Nom de MARIE.

JESUS, MARIA, JOSEPH.

*Pfallam intelligam in via immaculata,
quando venies ad me, Pfal.* 100.
Amen veni Domine Jesu. Amen. Apocal. 22.

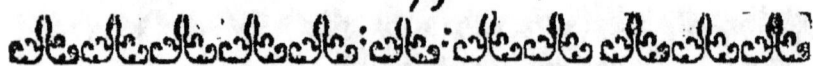

Autre Noël, Sur le chant *de l'Eglise.*

PUer nobis nafcitur
Rectorque Angelorum;
In hoc mundo patitur
Dominus Dominorum.
    In prœfepe ponitur,
Sub fœno afinorum,
A brutis agnofcitur
Hic jacens Rex Cælorum.
    Tunc Herodes timuit
Maximo cum livore,
Et infantes occidit
Impio cum furore.
    O nate ex Maria
In die hodierna,
Perduc nos cum gratia
Ad gaudia fuperna.
    Cafta pleni gaudio
Cantemus cum Angelis
Summo Dei Filio
GLORIA IN EXCELSIS.
    Qui nafcenti Domino
Hodie compatitur,
Regnans fine termino
Cum illo lætabitur.

F I N.

VERS SUR LA NAISSANCE
DE NOSTRE SEIGNEUR

Dont tous les mots n'ont qu'une sillable.

LE Dieu qui fit les Cieux, & par qui le jour luit,
Ce Dieu pour nous est né dans le sein de la nuit :
Tout grand, tout Roi qu'il est, on le voit sur du foin
Et mis nud dans le froid sur ce lit fait sans soin.
Des neuf Cœurs purs & saints on oit les chants dans l'air,
Qui par-là font leur cour au Dieu qui s'est fait Chair.
De gens nez dans les champs un gros à ce doux bruit
Court vers le Roi des Rois d'un sein pur le saint fruit.
Du plus gras de son Parc un d'eux lui fait le don,
Tel de lait, de fruits secs, tous d'un cœur franc & bon.
Des lieux où naist le jour trois Rois tout pleins de foi,
Ont leurs cœurs & leur sort mis és mains de ce Roi.
On les voit à ses pieds, qui d'eux & de leurs biens
Lui font don, & par-là voir en tout qu'ils font siens.
Dans la nuit de leurs sens, un feu qui lui aux Cieux,
Fit voir de ce Dieu né, le beau jour à leur yeux.
Leur foi qui les rend promts a mis hors de leurs cœurs,
Et de tous les vains bruits & de tous maux la peur.
A ce que dit la chair & le sang, ils font sourds,
Tout ne leur est plus rien dés qu'il ont pris leur cours,
Mais pour un Dieu si grand & qui s'est mis si bas,
Vils & riens que l'on est, qui de nous fait un pas ?

On le voit d'un œil fec, lors qu'il fond tout en pleurs.
Et le roc le plus dur l'eft bien moins que nos cœurs.
Toi qui fait tant le vain, & tiens tout de ce Roi;
Tu le voit, tu le fçais ce qu'il a fait pour toi,
Mais que fais-tu pour lui ? dis! fe plaint-il à tort ?
Il naît, il vit pour toi, c'eft pour toi qu'il eft mort,
Son Sang te fert de bain, de fa Chair il te paift ;
Eh bien ! vis-tu pour lui, fais-tu ce qu'il lui plaift ?
Ton cœur eft-il à lui, te voit-on fous fes Loix ?
Suit-tu de prés fes pas ? Non , non tu fuis la Croix.
Tu cours à de faux biens , & par eux tu te perds,
L'or eft en ces bas lieux le feul Dieu que tu fers.
Sous la Loi de tes fens, & fans joug & fans frein,
Tu vis, & ne voit pas, la mort eft en ton fein.
C'eft, me dis-tu, le tems & des jeux & des ris,
Loin, loin de nos beaux jours, & les pleurs & les cris.
A tous gens de bon fens la mort ne fait de peur,
Que fous le foin des ans , & non pas dans la fleur.
Tout a , tout a fon tems, bien fol eft qui fe meut
A ces bruits , fi ce n'eft tout le plus tard qu'il peut.
A quoi bon tous les biens , fi l'on ne s'en fert pas ?
Je fuis fain, tout me rit, la fleur naift fous mes pas.
Fuir la peur de tout mal tant qu'on a du bon tems,
C'eft le fort qui me plaift & le but où je tens.
Mais où vas-tu par-là ? je ne vois pas dans ton cours
Que deüil, que cris, que pleurs à la fin de tes jours.
Dis, as-tu de la foi ? tu ne veux qu'un fort doux,
Et ton Roi fur la Croix pend & tient à des cloux.

De son Chef à ses pieds, voi qu'il n'est rien de sain,
Les Juifs ont pleins de fiel mis du bois dans son pain.
Car ce pain est son Corps, & ce bois est la Croix,
Sur qui par tant de maux meurt Christ le Roi des Rois.
Croi-tu que mol & tel qu'on te voit en ces lieux,
Tu sois par un tel Chef mis au plus haut des Cieux ?
Dés que tu sens du mal, ou que tu perds ton bien,
Tu t'en prens à ton Dieu, la Foi ne t'est plus rien.
C'est en vain qu'on te dit : sans la Croix point de Ciel,
Il faut que tost ou tard ton goust soit fait au fiel.
En ces lieux de bon gré qui n'en boit pas un peu,
Le boit là-bas sans fin, tout pur & plein de feu
Voi donc quel est ton but, il n'est plus à la mort,
Ni de tems, ni de lieu pour le choix de ton sort.
Fai le bien dés ce jour, ton heur est en ta main,
Ne dis point c'est trop tost, non, non, rien n'est plus vain.
Tout le tems n'est qu'un point, c'est de l'eau dont le flus
Fuit, se perd à nos yeux, court & ne se voit plus.
Fai, fai du bien pour toi, te dit saint Jean de Dieu,
A quoi te sert ton or s'il n'est mis en seur lieu.
Oüi, fai du bien pour toi tant que le jour te luit,
Ah, nul de nous ne sçait quand pour soi vient la nuit.
Mais pour lors tout est fait, tout prend fin, tout est clos,
Le Ciel n'a plus de feux, la Mer n'a plus de flots.
Il n'est plus d'air pour lui, plus de ris, plus de chants,
Plus de prez, plus de bois, plus de fleurs, plus de champs;
Il est seul, nul des siens fut-il le plus grand Roi,
Ne le suit à la mort, il est seul, c'est la Loi;

Mais", que dis-je, il eſt ſeul, non, non le Roi des Cieux,
S'ra tout nud ſous ſa main ; & le tient ſous ſes yeux.
Tout le bien qu'il a fait dans le Ciel a ſon prix ;
Mais s'il a fait le mal, ſur le champ il eſt pris,
Et mis en ces lieux bas, où dans un lac de feu,
Il rend d'un couſt bien cher des biens qu'il eut ſi peu.
Ah, ſa chair eſt pour lors ce qu'il hait, mais trop tard :
Où ſont ces teins de lis, ce feu vif & ſans fard ;
Cet air fier, ce beau corps, où ſont ces traits ſi vains,
Ce col, ce ſein, ce port, ces yeux, ce front, ces mains.
Dans ces lieux bas ſans jour le feu lui ſert de corps ;
Mais il a ſans ce feu dans ſon ſein tant de morts.
Que de ces maux, il eſt, Eh, mon Dieu ! qui le croit,
Le moins grand le moins vif, tout vif & grand qu'il ſoit
Ce ver qui ne meurt point dans un cœur, c'eſt ce ver,
Qui lui fait plus de maux que le feu ni le fer.
Quoi, ne voir point ſon Dieu, lors qu'il ne tient qu'à ſoi !
Quand ce qu'il fit pour nous on a ſçu par la Foi,
Que l'on eut, mais en vain, tant de dons par ſa mort,
Que l'on vit en ſes mains & le Ciel & ſon ſort ;
Qu'un bien d'un ſi grand prix fut de ſi peu de coût,
Qu'on fit pour un gain vil bien plus, & qu'on perd tout
Pour un rien qui n'eſt plus, & pour des biens ſi faux :
C'eſt-là, c'eſt & ſans fin le mal de tous les maux.

F I N.

A P P R O B A T I O N.

J'Ay lû pour Monſeigneur le Chancelier ces *Noels Nouveaux*,
ſur les Chants Anciens. En Sorbonne le 3. de Decembre 1712.

C. DE PRECELLES.

PRIVILEGE DU ROY.

LOUIS, PAR LA GRACE DE DIEU, ROY DE FRANCE ET DE NAVARRE, à nos Amez & Feaux Conſeillers, les gens tenans nos Cours de Parlement, Maître des Requêtes Ordinaire de Nôtre Hôtel, Grand Conſeil, Prévoſt de Paris, Baillifs, Sénéchaux, leurs Lieutenans Civils & autres nos Juſticiers qu'il appartiendra, Salut. Nôtre bien amé le Sieur J-B-CHRISTOPHE BALLARD, Imprimeur - Libraire, Receu en ſurvivance à la Charge de ſeul Imprimeur du Roy pour la Muſique ; Nous ayant fait remontrer qu'il déſireroit faire imprimer un Ouvrage intitulé *Noels Nouveaux ſur les Chants Anciens*, S'il Nous plaiſoit lui accorder nos Lettres de Privilege pour la Ville de Paris ſeulement ; Nous avons permis & permettons par ces Preſentes audit Sieur BALLARD, de faire imprimer ledit Livre en telle forme, marge & caractere, conjointement ou ſéparément, & autant de fois que bon lui ſemblera, & de le vendre, faire vendre & débiter par tout nôtre Royaume pendant le tems de cinq années conſécutives, à compter du jour de la datte deſdites préſentes. Faiſons défenſes à toutes perſonnes de quelque qualité & condition qu'elles ſoient, d'en introduire d'impreſſion étrangere dans aucun lieu de Nôtre Obéiſſance ; & à tous Imprimeurs-Libraires & autres dans lad. Ville de Paris ſeulement, d'imprimer ou faire imprimer ledit Livre en tout, ni en partie, & d'y en faire venir, vendre & débiter d'autre impreſſion que de celle qui aura été faite pour ledit Expoſant, ſous peine de confiſcation des Exemplaires contrefaits, de mille livres d'amende contre chacun des contrevenans ; dont un tiers à Nous, un tiers à l'Hôtel-Dieu de Paris, l'autre tiers audit Expofant, & de tous dépens, dommages & intérefts ; à la charge que ces Préfentes feront enregiftrées tout au long fur le Regiftre de la Communauté des Imprimeurs & Libraires de Paris, & ce dans trois mois de la datte d'Icelles ; que l'impreffion dudit Livre fera faite dans nôtre Royaume, & non ailleurs, en bon papier & en beaux caractéres, conformement aux Réglemens de la Librairie ; & qu'avant que de l'expofer en vente, il en fera mis deux Exemplaires dans nôtre Bibliothéque publique, un dans celle de nôtre Château du Louvre & un dans celle de nôtre tres-cher & Feal Chevalier Chancelier de France le fieur Phelypeaux, Comte de Pontchartrain, Commandeur de nos Ordres ; le tout à peine de nullité des Préfentes : Du contenu defquelles, Vous Mandons & Enjoignons de faire joüir l'Expofant ou fes Ayans Caufe pleinement & paifiblement, fans fouffrir qu'il leur foit fait aucun trouble ou empêchement. Voulons que la Copie defdites Prefentes qui fera imprimée au commencement ou à la fin dudit Livre foit tenuë pour duëment fignifiée, & qu'aux Copies collationnées par l'un de nos Amez & Feaux Confeillers & Secretaires, foy foit ajoûtée comme à l'Original : Commandons au premier nôtre Huiffier ou Sergent, de faire pour l'éxecution d'icelles tous Actes requis & neceffaires, fans demander autre permiffion, & nonobftant clameur de Haro, Charte Normande & Lettres à ce contraires : CAR tel eft nôtre plaifir. Donné à Verfailles le dixiéme jour de Decembre l'an de Grace 1712. Et de nôtre Régne le foixante & dixiéme.

PAR LE ROY en fon Confeil,
FOUQUET.

Regiſtré ſur le Regiſtre de la Communauté des Libraires & Imprimeurs de Paris, N. 547. page 541. conformèment aux Reglemens, & notamment à l'Arreſt du 13. Aouſt 1703. A Paris le douziéme jour du mois de Decembre 1712.

L. JOSSE, *Syndic.*

www.ingramcontent.com/pod-product-compliance
Lightning Source LLC
LaVergne TN
LVHW020952090426
835512LV00009B/1855